Marie

Victoire Hémant

> « *Marie Curie est, de tous les êtres célèbres, le seul que la gloire n'ait pas corrompu.* » a dit Einstein.
> *Âgée d'une vingtaine d'années, une vocation puissante la pousse à quitter la Pologne pour aller étudier à Paris. Elle y rencontre Pierre Curie, un homme aussi génial qu'elle. Ensemble ils découvrent un élément, le radium, qui permettra de soigner de terribles maladies. Pour Marie, c'est l'immortalité.*

TEXTE, EXERCICES ET NOTES VICTOIRE HÉMANT
CONSULTANTE LINGUISTIQUE CHARLOTTE JUGE

DANS LES
LECTURES TRÈS FACILITÉES

ON RETROUVE DES HISTOIRES CONNUES PAR LES ENFANTS OU CONÇUES EXPRÈS POUR EUX. ELLES SONT ÉCRITES AVEC UN LANGAGE SIMPLE ET ACCOMPAGNÉES D'ACTIVITÉS ET DE JEUX.

La Spiga languages

Marie Curie

« Mania ! ...

— Qu'est-ce qu'il y a ?

— Maman dit que tu joues depuis trop longtemps ! Elle a dit que tu rentres. »

En Pologne, on aime les diminutifs[1] : 'Zosia' pour Sophie, l'aînée[2], 'Josio' pour Joseph, 'Bronia' pour Bronislawa, 'Hela' pour Helena et Mania pour Marya, la dernière née[3].

Madame Sklodowska est gravement malade.

1. **les diminutifs :** mots qui donnent une idée de petitesse avec une nuance affective.
2. **l'aînée :** qui est née la première.
3. **née :** participe passé du verbe naître.

✎ **Que fait Mania ?**

....

....

....

....

....

....

....

....

....

....

....

....

$\mathcal{E}$n 1872, la Pologne souffre[1] de la servitude[2] imposée par la Russie. Dans chaque lycée[3] les professeurs sont contraints[4] de faire les cours en russe. Un jour, une sonnerie électrique retentit[5] sur le palier[6] de la classe. Ce signal déclenche une agitation violente. Sur le seuil, l'inspecteur au service du tsar Alexandre II se présente.

« Tout est-il en ordre, mon Dieu ?

1. **souffre :** éprouve une douleur physique ou morale.
2. **servitude :** asservissement, soumission.
3. **lycée :** établissement public d'enseignement.
4. **sont contraints :** sont obligés.
5. **retentir :** résonner, se faire entendre avec force.
6. **sur le palier :** plate-forme entre deux volées d'un escalier.

✎ **Complétez.**

En Pologne on parle le ....

En Russie, on parle le ....

Aux États-Unis, on parle l'..........................

En Argentine, on parle l' ....

Au Brésil, on parle le ....

En Allemagne, on parle l' ....

✎ **Lisez et écrivez en toutes lettres.**

En 1995.

....

En 1872.

....

Dans l'an 2000.

....

En 1596.

....

— Veuillez appeler[1] une de ces jeunes personnes. »

Mania sait que ce sera elle. On la désigne toujours. Elle est fort[2] savante et sait le russe parfaitement. L'inspecteur finit son interrogatoire satisfait[3]. Ces exhibitions humiliantes, le décès[4] de sa mère, la dégradation de son père, une existence dans la gêne[5] et puis la mort de Zosia ont tué autour d'elle la gaieté[6], la fantaisie, la douceur.

1. **appeler** : inviter à venir.
2. **fort** : très.
3. **satisfait** : qui a ce qu'il veut.
4. **le décès** : la mort.
5. **la gêne** : la pauvreté.
6. **la gaieté** : la joie, l'allégresse.

✎ **Placez :**
   toujours, ne ... jamais ou *ne ... pas.*

Je .... regarde ....

dans le rétroviseur avant de démarrer.

Je .... conduis ....

très vite dans le brouillard.

Je .... suis ....

de très près la voiture devant moi.

Je .... mets ....

la ceinture de sécurité.

Je .... oublie ....

de contrôler l'huile de temps en temps.

Les Anglais .... conduisent ....

.... à gauche.

Je .... roule ....

à plus de 60 km à l'heure en ville.

Trois médailles[1] d'or chez les Sklodowski. La troisième est pour Mania qui célèbre à seize ans la fin de ses études secondaires. Par nécessité, elle accepte la vie besogneuse[2] des leçons privées. M. Sklodowski, condamné[3] à des besognes subalternes, soupire[4] d'angoisse en regardant ses enfants qui, grâce à lui, évoluent dans une atmosphère intellectuelle d'une rare[5] qualité.

1. **médaille :** distinction honorifique.
2. **besogneuse :** qui est dans le besoin.
3. **condamné :** obligé, forcé.
4. **soupire :** pousse des soupirs (expressions de souffrance).
5. **rare :** précieuse.

✎ **Pensez à 5 villes ou villages de votre propre pays et placez-les dans ce tableau.**

Tranquille	Joli	Pollué	Excitant
....	....	....	....
....	....	....	....
....	....	....	....
....	....	....	....
....	....	....	....

✎ **Faites des phrases.**

.... par coeur.

.... par nécessité.

.... par la douceur.

.... par bonheur.

« Bronia, j'ai beaucoup réfléchi[1]. J'ai aussi parlé à Père. J'ai trouvé un moyen[2].
— Un moyen ?
— Nous pouvons nous allier. Tu prends le train en automne[3] pour Paris pour faire tes études de médecine. Je vais me placer comme institutrice. Lorsque tu seras docteur, je partirai à mon tour[4]. Alors tu m'aideras[5]. Six ans après, c'est au tour de Mania. Enfin, Paris ! »

1. **réfléchi :** pensé, médité.
2. **un moyen :** un plan, une méthode.
3. **automne :** saison où les feuilles tombent des arbres.
4. **à mon tour :** c'est à moi.
5. **tu m'aideras :** tu m'assisteras, me seconderas.

ACTIVITÉ

✎ **Posez des questions en fonction
des réponses données.**

.... ?

Il y a un joli parc.

.... ?

C'est un panda.

.... ?

Il habite à Paris.

.... ?

Ça va bien.

.... ?

Il fait beau.

.... ?

Ce livre est destiné aux enfants.

.... ?

Il a huit ans.

.... ?

Il parle sans arrêt.

Mania s'appelle désormais[1] Marie. Elle loge dans un réduit[2] minuscule. Ni chauffage[3], ni éclairage[4], ni eau. Elle gagne la Sorbonne à pied par tous les temps. Pendant des années, elle ne mange que du pain beurré[5], de temps à autre un morceau[6] de chocolat, un fruit, deux oeufs, du thé. Travailler ! ... Travailler ! ... Elle suit des cours de mathématiques, physique, chimie.

1. **désormais :** à partir de ce moment.
2. **un réduit :** local exigu, généralement sombre et pauvre.
3. **chauffage :** production de chaleur.
4. **éclairage :** distribution de la lumière.
5. **du pain beurré :** du pain avec du beurre.
6. **morceau :** fraction, fragment, portion.

✎ **Composez votre petit déjeuner, déjeuner et goûter en fonction des aliments ci-dessous.**

Steak frites – vin – eau – jus d'oranges – céréales – lait – sucre – confiture – pain beurré – miel – salade de tomates – croissant – salade de fruits.

PETIT DÉJEUNER

....

....

....

DÉJEUNER

....

....

....

GOÛTER

....

....

....

$\mathcal{E}$lle atteint[1] chacun de ses buts[2]. Reçue première à la 'Licence[3] es sciences physiques', seconde à la 'Licence es sciences mathématiques', Marie, entre-temps[4] commence ses recherches[5]. Mais il lui faut analyser des minerais, grouper des échantillons[6] de métaux. Et elle ne sait pas dans quel bâtiment monter ses expériences.

1. **atteint :** parvient à.
2. **buts :** objectifs.
3. **licence :** grade de l'enseignement supérieur entre le baccalauréat et le doctorat.
4. **entre-temps :** dans cet intervalle de temps.
5. **recherches :** ensemble des activités intellec-tuelles qui tendent à la découverte de lois nou-velles.
6. **échantillon :** spécimen d'un genre, d'une espèce.

✎ **Quelles sont les matières de votre programme scolaire ? En quoi consistent-elles ?**

- Français : ....
  ....
- ....
  ....
- ....
  ....
- ....
  ....
- ....
  ....
- ....
  ....
- ....
  ....

« J'ai une idée. Venez prendre le thé chez nous demain soir, lui dit Joseph Kowalski, professeur de physique à l'Université de Fribourg. Vous devez le connaître de nom[1] : il s'appelle Pierre Curie. C'est un savant[2] français de génie[3], qui poursuit[4] des travaux sur la physique cristalline et obtient des résultats capitaux dans ses recherches. » Marie fait la connaissance de cet homme. « Vous allez rester en France toujours ? » Pierre Curie voudrait[5] revoir cette jeune fille extraordinairement douée.

1. **connaître de nom :** avoir entendu parler de qqn.
2. **un savant :** personne qui par ses connaissances contribue au progrès d'une science.
3. **génie :** aptitude supérieure de l'esprit qui rend un homme capable d'inventions, de créations extraordinaires.
4. **pousuit :** continue sans relâche.
5. **voudrait :** *(présent du conditionnel du verbe vouloir)* aimerait.

✎ **Que signifie le mot génie ?**

a)   MÉDIOCRITÉ ;

b)   ATTENTION ;

c)   GROSSIÈRETÉ ;

d)   TALENT.

✎ **Placez correctement les signes de ponctuation :**
  le point d'exclamation   *!*
  le point d'interrogation   *?*
  les parenthèses   *( )*
  les guillemets   « »
  la virgule   *,*
  les deux points   *:*

– Il m'a dit Va t'en.

– Que fais-tu ce soir

– J'ai acheté des légumes secs lentilles petit pois flageolets et des fruits pommes poires pêches.

– Ça suffit

Le 26 juillet 1895, Mademoiselle Sklodowska devient[1] Madame Pierre Curie. Leur existence est tendue vers[2] un seul idéal : faire de la recherche scientifique. Deux ans après, naît une petite fille : Irène. Marie réussit[3] à mener de front[4] la vie de famille et la carrière scientifique. Une lésion tuberculeuse altère sa santé mais elle refuse de se soigner[5]. Elle a rendez-vous avec la gloire.

1. **devient :** passe d'un état à un autre.
2. **est tendue vers :** vise à, a comme but.
3. **réussit :** arrive, parvient.
4. **mener de front :** conduire, faire aller ensemble.
5. **se soigner :** faire ce qu'il faut pour guérir.

ACTIVITÉ

✎ **Placez** *que*, *parce que*, *quand*, *si*, *où*, *même si*.

Les éléphants ne peuvent pas sauter ....

.... ils sont trop lourds.

Cela vous dérange-t-il ....

.... j'ouvre la fenêtre ?

Je suis sûr ....

Maria ne sait pas parler le français. Elle paraît

stupide ....

elle est très intelligente.

Je vais toujours rendre visite à Paul ....

.... je vais à Marseille.

Henri joue aussi bien de la guitare.............

.... du piano.

Deux licences, reçue première au concours d'agrégation[1], une étude sur l'aimantation[2] des aciers[3] trempés[4] et puis l'étude sur l'émission de rayons qu'elle appellera plus tard "radioactivité". Pendant quatre années, dans un hangar[5] humide, deux cerveaux[6] passent en revue les minéraux soupçonnant un élément plus actif que l'uranium : c'est la découverte du radium. « Ce radium, je l'aime, mais je lui en veux. »

1. **agrégation :** admission à titre de professeur suppléant.
2. **aimantation :** état de certains corps qui ont la propriété d'attirer le fer.
3. **acier :** alliage de fer et de carbone. L'acier inoxydable renferme du chrome et du nickel.
4. **trempés :** immergés dans un bain froid.
5. **un hangar :** un abri, un entrepôt.
6. **cerveau :** esprit, intelligence.

✎ **De qui s'agit-il ?**

Un professeur de géographie – un chimiste
– un directeur d'orchestre – un mineur.

....

....

Parlez de leur activité.

....

....

....

....

Pierre, indifférent au danger[1], expose son bras[2] à l'action du radium. À sa joie, une lésion apparaît. Ils collaborent avec des médecins de haut rang[3]. Le radium guérit[4] un mal atroce : le cancer[5]. Cette thérapeutique s'appelle la Curiethérapie. En 1903, premier jour de gloire. Le prix Nobel de physique est attribué à M. et Mme Curie.

1. **le danger** : risque, menace.
2. **le bras** : membre compris entre l'épaule et le coude.
3. **de haut rang** : d'une classe supérieure.
4. **guérit** : délivre d'un mal physique.
5. **le cancer** : prolifération anormale de cellules.

✎ **Répondez.**

Est-ce que Marie Curie est une femme ordinaire ?

....

Quels sont ses mérites ?

....

....

Était-elle une écolière modèle ?

....

Comment a-t-elle réussi à financer ses études ?

....

....

Quelles sont ses matières préférées ?

....

....

Ils détestent la renommée[1], la hiérarchie[2], les classements, les décorations. Ils fuient[3] les curieux.

« En Science, nous devons nous intéresser aux choses, non aux personnes. »

Après des années de combat[4] passionnant et de luttes pour trouver de nouvelles ressources[5], la France commence à s'apercevoir[6] de leur existence. En 1904 naît encore une fille : Ève. En 1905, Pierre Curie entre à l'Académie des Sciences.

1. **la renommée :** le succès.
2. **la hiérarchie :** ordre, subordination.
3. **ils fuient :** ils s'éloignent de, ils cherchent à échapper à.
4. **le combat :** l'engagement.
5. **ressources :** moyens pécuniaires, fonds, finances.
6. **s'apercevoir :** se rendre compte, remarquer.

✎ **Reliez les noms aux adjectifs.**

DIAMANT	LENT
LEÇON	INFINI
SOURIS	DUR
PROGRÈS	RADIOACTIF
RECHERCHE	PETIT
AMOUR	ATROCE
VIE	ENRICHISSANTE
PRODUIT	SCIENTIFIQUE
MAL	BESOGNEUSE

L'Université de la Sorbonne offre à Pierre une chaire[1] de physique, un laboratoire[2] et lui procure trois collaborateurs, mais le 10 avril 1906, un fiacre[3] heurte[4] Pierre et broie[5] son cerveau au passage. En ces lugubres années qui suivent, Marie doit élever deux jeunes enfants, gagner sa vie et achever sa mission essentielle : édifier un laboratoire où de jeunes chercheurs pourront développer[6] la science de la radioactivité. La chaire créée pour Pierre Curie sera confiée à Marie Curie, première femme dans l'enseignement universitaire.

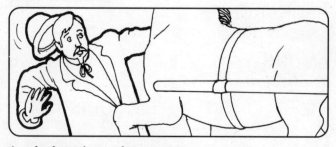

1. **chaire** : le professorat.
2. **laboratoire** : local aménagé pour faire des expériences, recherches scientifiques.
3. **un fiacre** : voiture à cheval.
4. **heurte** : entre brutalement en contact, percute.
5. **broie** : écrase, pulvérise.
6. **développer** : faire croître.

✎ **De quel véhicule s'agit-il ?**

Un fiacre – un autobus – un cabriolet – un coupé – une ambulance – une diligence.

....

....

$\mathcal{E}$n 1910, elle refuse[1] la Croix de Chevalier de la Légion d'Honneur[2], refuse de se présenter à l'Académie des Sciences. En 1911 : Grand Prix Nobel de chimie. En 1914, comment secourir[3] les blessés[4] de guerre ? Marie crée la première 'voiture radiologique' de France. Vingt de ces automobiles ordinaires ont été rançonnées[5] auprès des particuliers. À l'armistice, la victoire lui fait oublier ses soucis personnels.

1. **refuse :** s'oppose, n'accepte pas.
2. **la Croix de Chevalier de la Légion d'Honneur :** distinction pour récompenser les services civils et militaires.
3. **secourir :** aider, assister.
4. **les blessés :** personnes qui ont reçu des lésions.
5. **rançonner :** faire payer par la force, exiger une contribution qui n'est pas due.

✎ **Quelles sont les dates importantes dans votre vie de famille ? Racontez.** *(Naissance, baptême, rentrée d'école, voyage, communion, mariage, etc. ...)*

....

....

....

....

....

....

....

....

....

....

....

La guerre a désorganisé son travail et affaiblit[1] sa santé[2] outre qu'elle est ruinée[3] après avoir confié son argent à la France. À cinquante ans, elle est presque pauvre[4]. Quelques voyages en Amérique et des initiatives bienfaisantes[5] de particuliers financent les recherches de l'Institut de Radium. En 1934, après avoir négligé[6] longuement sa santé, elle ne quittera plus son lit et comptera parmi les victimes à longue échéance des corps radioactifs.

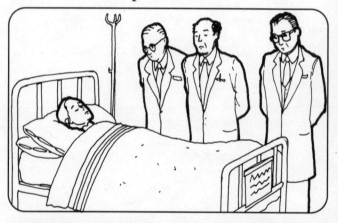

1. **affaiblit :** rend physiquement moins fort.
2. **santé :** fonctionnement régulier de l'organisme.
3. **ruinée :** qui a perdu tous ses biens.
4. **pauvre** ≠ riche.
5. **bienfaisantes :** bonnes, charitables.
6. **avoir négligé :** s'être désintéressé.

✎ **Repassez.**

De quelle nationalité est Marie Curie ?

....

Est-ce que son milieu familial est propice à son développement ultérieur ?

....

....

Est-ce que Marie Curie est une femme modeste ? Pourquoi ?

....

....

Qu'est-ce qui contribue à sa célébrité ?

....

....

Quelle femme ou quel homme de l'histoire auriez-vous aimé être ?

....

....